Género Ficción realista

Pregunta esencial

¿Cuáles son las diferencias entre los niños del mundo?

AKIT
y
CARLO

Christopher Herrera
ilustrado por Alice Sinkner

CAPÍTULO 1

Despertarse

—¡A desayunar, Akita y Maki! —dice la mamá de Akita. En Tokio, Japón, Akita se mueve medio dormida por el piso de tatami. Su mamá prepara cereal de arroz caliente, llamado *okayu*.

—¡Tengo hambre! —dice Akita. Va hasta el *kotatsu*, la mesa baja en la que comen, sentados a su alrededor sobre almohadones. Luego, Akita enrolla su colchón y su edredón y los guarda.

Akita tiene una amiga por carta en Estados Unidos llamada Lara. Akita sabe que Lara desayuna tostadas y cereal frío. Además, Lara duerme en una cama alta, separada del suelo.

Mientras tanto, en Florencia, Italia, Carlo desayuna en la mesa de la cocina con sus padres y hermanas mayores. El desayuno es distinto del de Akita.

—¡Mmm, mi desayuno favorito! —exclama Carlo mientras prueba un pancito dulce y bebe chocolate caliente. Al terminar, se pone una camiseta, pantalones cortos y tenis. Piensa en su primo David, que vive en la Ciudad de Nueva York y usa el mismo tipo de ropa. Pero, a diferencia de Carlo, David va a la escuela en metro.

CAPÍTULO 2

Ir a la escuela

Akita y su hermano, Maki, se alistan para ir a pie a la escuela. Usan uniformes escolares.

—No olvides tu gorra amarilla —le dice Akita a Maki. Salen de casa a las 8:15. Los conductores ven fácilmente sus gorras coloridas, de modo que no corren riesgos.

Akita y Maki se quitan los zapatos y gorras al llegar a la escuela y se ponen pantuflas. Van al salón de clase. Akita hace una reverencia y saluda a la maestra:

—*Ohayo gozaimasu* (buenos días), *sensei* (maestra). —Su amiga Lara le contó que los niños en Estados Unidos también les dicen *buenos días* a sus maestros. Pero ellos no se inclinan. "Qué raro sería no saludar con una reverencia", piensa Akita.

—¡*Buon giorno!* —Así es como Carlo dice *buenos días* a su maestro y a sus compañeros de clase en Florencia. Los conoce muy bien porque compartieron el año anterior. De hecho, todos estarán juntos hasta finalizar quinto grado.

Carlo sabe que la escuela es diferente en Estados Unidos. Su primo estadounidense, David, tiene distintos maestros y muchos compañeros nuevos cada año. "Debe ser muy extraño para él", piensa Carlo.

Detective del lenguaje	**Halla el verbo ser. ¿Puedes conjugarlo en presente?**

Mientras tanto, en Tokio, Akita estudia la escritura japonesa llamada *kanji*.

—*Kanji* es mi materia favorita —dice Akita. El sistema de escritura japonés tiene muchísimos caracteres. Aprender miles de caracteres lleva mucho tiempo. Escribirlos es como hacer dibujos. A veces, Akita incluye algunos caracteres japoneses en las cartas a su amiga Lara.

Más tarde, Akita tiene matemáticas, estudios sociales y ciencias. También estudia música, arte y computación durante la semana. Sabe que Lara tiene muchas de esas mismas materias.

En la escuela de Carlo, los niños estudian italiano, además de matemáticas, estudios sociales y ciencias. También estudian un idioma extranjero. Los miércoles tienen gimnasia.

—¡Esa es mi clase favorita! —exclama Carlo.

A su primo David también le gusta la clase de gimnasia, pero prefiere la de estudios sociales. Adora aprender sobre otros países.

Algunos compañeros de Akita almuerzan en una caja roja llamada *bento*. Contiene carne, verduras y arroz o fideos. A Akita le gusta el almuerzo de la escuela. Los viernes hay espaguetis.

—¡Me encantan! —dice Akita.

Los niños comen en su salón de clase. Por turnos, se sirven el almuerzo unos a otros y limpian cuando terminan.

CAPÍTULO 3

Después de clase

Todos los días a la 1:30, Carlo vuelve a su casa. Las clases terminan a esa hora, pero tiene clases los sábados por la mañana también. Está ansioso por almorzar en familia.

—¿Cómo te fue en la escuela? —pregunta su mamá—. Almorzaremos pasta, pescado y verduras. De postre, puedes comer alguna fruta o yogur.

Carlo se pregunta qué comerá hoy David en el almuerzo. David tiene media hora para almorzar y compra su almuerzo en la escuela.

A las 3:30, Akita y Maki salen de la escuela. Van al club de música. Maki toca el *taiko*, un tambor japonés. Akita toca un instrumento de cuerda llamado *koto*. Está practicando para el Festival de los Cerezos en Flor.

—¡Qué ganas de oírte tocar! —le dice Maki.

—¡Pásame la pelota! —grita Carlo mientras corre por la cancha. A Carlo le encanta jugar al fútbol después de la escuela. Hoy, su equipo practica para el próximo partido. Su primo David también juega al fútbol.

CAPÍTULO 4

Festivales

—¡Estoy tan entusiasmada con el Festival de los Cerezos en Flor! —dice Akita brincando. El sábado por la mañana, después de la escuela, Akita se pone el kimono.

—¡Pareces una princesa, Akita! —dice su madre mientras la ayuda a prepararse. En el festival, Akita toca el *koto* excelentemente. Al terminar, se ve rodeada por una multitud de espectadores alegres. Aplauden y alientan con entusiasmo.

Akita se sonríe: "El Festival de los Cerezos en Flor es una de mis costumbres favoritas. Me pregunto qué festivales le gustarán a Lara".

El sábado, al salir de la escuela, Carlo viaja a la casa de su abuelo.

—¿Jugamos un partido de bochas, Carlo? —le pregunta su abuelo. Las bochas son el juego preferido de su abuelo. A Carlo también le divierte.

De vuelta en su casa, Carlo se pone a pensar en el carnaval, su festival favorito. En febrero, la escuela participará del desfile. Su clase está trabajando en un tema para la carroza. "¡Tengo muchas ganas de ponerme el disfraz y marchar por la ciudad!", piensa Carlo mientras se imagina luciéndose por las calles de Florencia. ¡Será un gran día!

Detective del lenguaje	**Halla la oración subrayada. ¿Puedes escribirla en pretérito?**

Respuesta a la lectura

Resumir

Usa detalles importantes para resumir *Akita y Carlo.*

	Japón	Italia
festividad		
costumbre		

Evidencia en el texto

1. ¿Cómo sabes que *Akita y Carlo* es ficción realista? **GÉNERO**

2. ¿En qué se parecen los días de escuela de Akita y de Carlo? Usa detalles del cuento para apoyar tu respuesta. **COMPARAR Y CONTRASTAR**

3. Usa lo que sabes sobre símiles para hallar el significado del símil de la página 7: *Escribirlos es como hacer dibujos.* **SÍMILES**

4. Escribe sobre las similitudes y diferencias entre los niños del cuento. **ESCRIBIR SOBRE LA LECTURA**

Género Texto expositivo

Compara los textos

¿Qué nos dicen los textos *Akita y Carlo* y *Comidas del mundo* sobre las costumbres de los niños?

Comidas del mundo

El *borscht* humeante da calor a los rusos durante el frío invierno.

Leímos sobre lo que Akita y Carlo comen durante un día común. Ahora, veamos qué comen las personas en otros países.

En Rusia, es muy popular una sopa llamada *borscht* (o *borsht*). Se prepara con remolachas, repollo y otras verduras. A veces también lleva carne. Puede tomarse fría o caliente.

El *dim sum* es una comida popular en China, en general para el desayuno o el almuerzo. Está compuesta por una gran variedad de platos pequeños. Puede incluir fideos o bolas de masa, así como verduras, carnes y pescado.

Los restaurantes chinos suelen servir *dim sum*.

La musaca (o *moussaka*) es un plato típico griego. Está formado por capas de carne, berenjenas y salsa. La carne suele ser de cordero o de res. Lleva varias especias.

La *moussaka* es una cazuela tradicional griega.

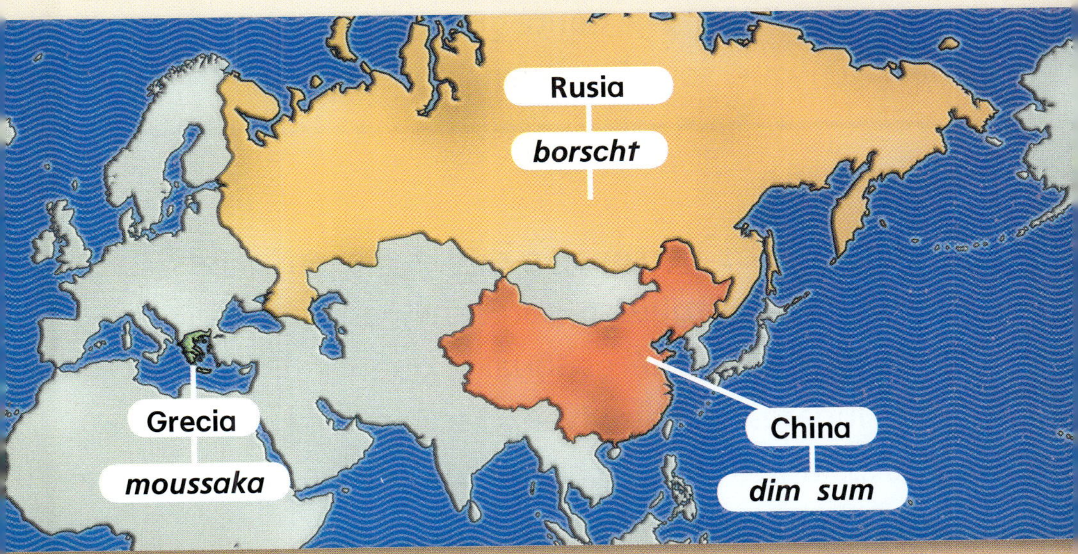

Haz conexiones

¿Qué comen los niños en diferentes lugares del mundo? **PREGUNTA ESENCIAL**

¿Qué podría cambiar para Akita y Carlo si se mudaran a Rusia o a Grecia? **EL TEXTO Y OTROS TEXTOS**

Enfoque:

Elementos literarios

Personajes Los personajes son las personas que aparecen en un cuento.

Lee y descubre Los autores nos enseñan cómo son los personajes mediante sus palabras y sus acciones. Las ilustraciones también nos ayudan a comprender a un personaje. Lee *Akita y Carlo* nuevamente. Observa cómo se ven y se sienten los personajes. Compara a Akita y a Carlo. ¿En qué se parecen sus vidas? ¿En qué se diferencian?

Tu turno

Imagina dos personajes que vivan en países distintos. ¿En qué se parecen y en qué se diferencian? ¿Qué es igual y qué es distinto en los lugares donde viven? Escribe un cuento. Usa las palabras y las acciones de tus personajes para mostrar cómo son.